El rey de LAS RATAS
¡YSQ!
EL SAQUEADERO, EL SEXENIO!

No se trata de solo quien representa este nido de ratas, sino hacemos notar una a una de las instituciones, proyectos, fideicomisos, programas que han servido para enriquecerse **ROBANDO**, con dinero de los **CIUDADANOS DE LA REPÚBLICA MEXICANA** y no es un caso, ni tampoco es un peso, aquí encontrarás los escándalos millonarios donde este enjambre de corrupción, ladrones y serviles son solapados por YSQ al que está a la cabeza de esta entramada red de estafadores de la patria. Su autoridad moral quedó sin brújula y sin dueño de

ÍNDICE

I.- 4 ESTAFAS FARAÓNICAS

Porque tratamos estos temas como **DAÑO PATRIMONIAL**
Son delitos contra el patrimonio aquéllos destinados a menoscabar el activo de bienes y derechos de un particular, persona jurídica o institución pública, con ánimo de lucro, ya sea propio o en beneficio de un tercero. Siendo los delitos patrimoniales más comunes **el robo, el fraude, el despojo y la extorsión.**
EL PECULADO o la malversación de **caudales públicos** es un delito consistente en la apropiación indebida del dinero perteneciente al Estado por parte de las personas que se encargan de su control y custodia en beneficio propio o de terceros.

4T; ESTAFA N° 1

1.-La cancelación del Nuevo Aeropuerto Internacional de la Ciudad de México (NAICM) y construcción del aeródromo, Aeropuerto Internacional Felipe Ángeles (AIFA). / Inaugurada en quiebra!

La cancelación de la construcción del **Nuevo Aeropuerto Internacional de la Ciudad de México (NAICM)** en Texcoco, costó, al menos, 331 mil 996 millones de pesos, de acuerdo con la **Auditoría Superior de la Federación (ASF)**.Dicha cantidad representa un 232% más de lo estimado por el gobierno federal. De acuerdo con la **ASF**, el 26 de abril de 2019, la **Secretaría de Comunicaciones y Transportes (SCT)** estimó un costo de 100 mil millones de pesos por la cancelación del **NAICM**.

Esta información fue publicada por Latinus
https://latinus.us/2021/02/21/cancelar-aeropuerto-texcoco-costo-naicm-mas-previsto-gobiern
o-amlo/

Hacienda subsidia el 100% del AIFA

El Aeropuerto Internacional de la Ciudad de México (AICM) mueve en un día casi lo que
registró de pasajeros en cuatro meses el Aeropuerto de Santa Lucía; ante los bajos ingresos
obtenidos, Hacienda tuvo que aportar $144 millones para cubrir el costo del primer trimestre
de operaciones
Los gastos diarios en promedio ascendieron a 1 millón 757 mil pesos, es decir, casi ocho
veces más que sus ingresos.

Información de la Plataforma Nacional de Transparencia revisada por El Financiero detalla
que los ingresos del AIFA -entre su inauguración y el primer trimestre de este año-
ascendieron apenas a 288 millones 582 mil 962 pesos.

Esta información fue publicada por Mexicanos Contra la Corrupción y la Impunidad en:
https://contralacorrupcion.mx/hacienda-subsidia-el-100-del-aifa/

375 días desde su inauguración hasta el 1 er trimestre del 2023

375(1 millón 757 mil pesos) =
$ 658,875,000.00

Se han perdiendo en este mal negocio $ 370,292,038.00

$ 331,996,000,000.00	cancelación
$ 370,292,038.00	Pérdida por operación
$ 450,000,000,000.00	Costo del AIFA

DAÑO PATRIMONIAL POR

MX $ 782,366,292,038.00

Para la cancelación de esta obra se justificó que por fraudes, pero hay **CERO REPERCUSIONES JUDICIALES.**

No hay un tiempo estimado de retorno de inversión

Pero si hay ganones a modo de la cancelación de este proyecto.

El rey del tráfico de influencias

Amigos de Andrés López Beltrán, hijo de AMLO, 'ganones' con aeropuerto de Texcoco: Loret

Esta información fue publicada por
https://headtopics.com/mx/amigos-de-andres-l-pez-beltr-n-hijo-de-amlo-ganones-con
-aeropuerto-de-texcoco-loret-38702055

2. Refinería Olmeca | PEMEX / Inaugurada en quiebra!

Los retrasos y errores de ejecución del Proyecto de la Refinería Olmeca en Dos Bocas, Paraíso, Tabasco, han hecho cada vez más imposible que, como ha prometido el presidente Andrés Manuel López Obrador, ésta inicie sus operaciones en julio de este año.

"Se verificó la tendencia de los trabajos ejecutados para un arranque temprano, determinando que **no es factible** el arranque propuesto para julio del 2023 en el Caso de Negocio", refiere el Informe Trimestral de la Auditoría Interna de Pemex, sobre el seguimiento a dicho Proyecto.

Mientras tanto, su costo ya se encuentra cerca de los **17,000 millones de dólares**, monto dos veces mayor que el previsto originalmente, de acuerdo con el reporte al primer trimestre del 2023 de la Auditoría interna que Petróleos Mexicanos (Pemex) realiza al proyecto.

https://globalenergy.mx/noticias/hidrocarburos/north/refineria-olmeca-sobrecosto-de-100-por-ciento/

$ 17,000,000,000.00 dls ($ 16.75)

$ 284,750,000,000.00 pesos MX.

El compadre de la **secretaria, Arturo Quintanilla Hayek,** cuya empresa 'Huerta Madre' ha recibido **contratos por miles de millones de pesos en Dos Bocas.** Habían de bordar esta información en el pañuelito sagrado".

Felipe Calderón Hinojosa
Dicha acusación tiene un trasfondo, y es que el 27 de diciembre de 2021, el gobierno de **México** le otorgó un contrato por 305 millones 533 mil 006.47 pesos a la empresa **Gravas del Sureste, S.A. de C.V.** Propiedad de la familia de **Arturo Quintanilla Hayek,** compadre de **Rocío Nahle.**
El contrato se celebró para el reforzamiento de muelles en el **Puerto Comercial de Salina Cruz, Oaxaca.** La obra deberá estar concluida el 26 de diciembre de 2022.

Esta información fue publicada por

https://momentofinanciero.mx/4t-da-contratos-millonarios-a-familia-de-rocio-nahle/

3. Tren Maya / Inaugurada en quiebra!

Al cierre del primer trimestre del presente año, la obra tiene un avance total del 58.3% y un costo estimado de 359,863.3 millones de pesos nominales, lo que representa ya un incremento del 130.7% respecto al monto establecido al cierre del 2020 (156,000.4 millones de pesos), año en que se registró oficialmente el proyecto ante la Secretaría de Hacienda y Crédito Público (SHCP).

Esta información fue publicada por
El periódico El economista

https://www.eleconomista.com.mx/empresas/Tren-Maya-costara-al-menos-130-mas-que-lo-p revisto-20230503-0009.html

DAÑO PATRIMONIAL POR

MX $ 156,004,000,000.00

DAÑO PATRIMONIAL ACTUALIZADO

MX $ 500,000,000,000.00

El titular de Hacienda, Rogelio Ramírez de la O, reveló el costo total de la megaobra ferroviaria en el sureste de México

Esta información fue publicada por
(El Tren Maya triplica su costo, revela Hacienda)
https://www.bloomberglinea.com/latinoamerica/mexico/el-tren-maya-triplica-su-costo-revela-hacienda/

De estas tres obras emblemáticas de la 4T que han absorbido la mayor cantidad de recursos de la nación NI SON RENTABLES, NI SE SABE EL TIEMPO ESTIMADO DE RETORNO DE UTILIDAD, NI HAN GENERADO UN IMPULSO O SER MOTOR DE LA ECONOMÍA MEXICANA, se inauguraron en quiebra y no pasarán de eso.

$782,366,292,038.00

4T; ESTAFA N° 1

1.-La cancelación del Nuevo Aeropuerto Internacional de la Ciudad de México (NAICM) y construcción del aeródromo, Aeropuerto Internacional Felipe Ángeles (AIFA). / Inaugurada en quiebra!

284,750,000,000.00

4T; ESTAFA N° 2

2. Refinería Olmeca | PEMEX / Inaugurada en quiebra!

515,762,000,000.00

4T; ESTAFA N° 3

3. Tren Maya / Inaugurada en quiebra!

(un mil quinientos ochenta y dos trillones ochocientos setenta y ocho millones doscientos noventa y dos mil treinta y ocho pesos 00/100 M.N.

ESTE ES EL NIVEL DEL DAÑO PATRIMONIAL EN LA 4T

$1,582,878,292,038.00

Entrega el 35 % de SOBERANÍA TERRITORIAL al crimen organizado
Estrategia de "abrazos no balazos"

México 'ingobernable': narco controla hasta 35% del país, dice EU

Es la causa de los problemas que se viven en la frontera, señala el US Northcom.

WASHINGTON, D.C.- El jefe del Comando Norte de Estados Unidos (US Northcom), el general Glen VanHerck, estimó que los cárteles del crimen organizado transnacional operan en alrededor del 30 al 35 por ciento del territorio mexicano, "en áreas que son con frecuencia ingobernables", causando muchos de los problemas que está enfrentando la Unión Americana en la frontera con México.
Esta información fue publicada por
El periódico El financiero
https://www.elfinanciero.com.mx/nacional/controla-el-narco-hasta-35-del-territorio-en-mexico-alerta-eu/
Me recuerda de otro LÓPEZ que cedió más de la mitad de su territorio. Perdón del territorio MEXICANO.

II.-Humanismo Mexicano, Los muertos del Rey de las ratas.

El presidente López Obrador y su esposa Beatriz Gutiérrez Müller en Santiago de Chile, vestidos todos de negro, en señal de luto, su respeto y solidaridad con el pueblo chileno a 50 años del golpe de Estado que derrocó con la rebelión militar al presidente Salvador Allende. (CANDIL DE LA CALLE, oscuridad de su casa)

del **1 de diciembre de 2018 al 9 de septiembre de 2023** , tiempo que lleva la Administración del presidente **Andrés Manuel López Obrador**, las fiscalías estatales y federales han registrado **165 mil 290 homicidios dolosos** en **México**.

Esta información fue publicada por Aviveracruz.com

México: El oscuro hito de 100,000 desapariciones refleja un patrón de impunidad, advierten expertos de la ONU

17 mayo 2022

Ginebra (17 de mayo de 2022) - Las 100,000 desapariciones registradas oficialmente en México son una muestra del prolongado patrón de impunidad en el país y de la tragedia que sigue ocurriendo cada día, advirtieron expertas y expertos en derechos humanos de la ONU.

El **Comité contra la Desaparición Forzada** (CED por sus siglas en inglés) y el **Grupo de Trabajo sobre las Desapariciones Forzadas o Involuntarias** expresaron hoy su profunda preocupación por el creciente número que alberga el Registro Nacional de Personas Desaparecidas y No localizadas de México. Las y los expertos emitieron la siguiente declaración:

"Más de 100,000 personas desaparecidas registradas oficialmente en México es una tragedia desgarradora. La cifra habla por sí sola y es una advertencia inequívoca.

El Comité contra la Desaparición Forzada y el Grupo de Trabajo sobre las Desapariciones Forzadas o Involuntarias están profundamente preocupados por esta terrible situación. También notamos que, en muchos casos, las desapariciones no se denuncian, por lo que la magnitud de esta tragedia puede incluso ir más allá de lo que actualmente se registra.

Tanto el Comité como el Grupo de Trabajo han visitado México para examinar las desapariciones forzadas en el país.

Esta información fue publicada por

El **Alto Comisionado** de las **Naciones Unidas** para los **Derechos Humanos**

https://www.ohchr.org/es/statements/2022/05/mexico-dark-landmark-100000-disappearances-reflects-pattern-impunity-un-experts

Muertos del Rey de las ratas

Pandemia.   800,000

Niños con cáncer.   4,000

Estrategia.   165,290

abrazos no balazos

Total.   969,290

Desaparecidos   100,000

tragedia desgarradora

1,069,290   este es el resultado del gobierno más humanista del mundo

Para tener una referencia con respecto a otros sucesos del país y del mundo
Muertos Independencia de México

murieron entre 250,000 y 500,000 mil mexicanos.

Muertos Revolución Mexicana.

murieron 2 millones 100 mil

Y la 4T   1,069,290 de Ciudadanos Mexicanos muertos.

(un millón sesenta y nueve mil doscientos noventa ciudadanos mexicanos muertos)

III.-Radiografía del Rey de las ratas. (Los saqueadores de la nación)

La punta del iceberg.

1. **Robo El fideicomiso para terremoto 19 de septiembre de 2017**

En lo que toca a la operación del fideicomiso, entre el 26 de septiembre de 2017 y el 31 de mayo de 2018 ingresaron 78.8 millones de pesos, de los cuales 44.4 millones, 56 por ciento de los recursos, fueron atípicos depósitos en efectivo, lo cual estaba incluso prohibido desde la celebración del contrato del fideicomiso, por lo que esos recursos debían haber sido rechazados. En vez de ello, el Comité Técnico asignó esas cifras entre los fideicomitentes, es decir, hicieron suyo ese dinero de origen desconocido y dispusieron de él.

Esta información fue publicada por

https://centralelectoral.ine.mx/2018/07/19/la-sancion-del-ine-al-fideicomiso-de-morena-articul o-de-ciro-murayama-publicado-en-milenio/

2. *Pío López Obrador, hermano del Presidente AMLO, fue captado recibiendo bolsas con dinero. Crédito: Latinus*

viernes, 25 de agosto de 2023

Pío López Obrador recibió fajos de billetes, pero ni UIF, FGR o INE lo han procesado

Fue un préstamo personal, dijo David León, operador de Manuel Velasco que entregó el dinero. Pío López Obrador libró, por ahora, acusaciones penales por el video en el que se le aprecia recibiendo dinero de David León, en hechos que presuntamente ocurrieron en 2015, en el marco de la campaña electoral de ese año.

Esta información fue publicada por Aristegui noticias

https://aristeguinoticias.com/2410/mexico/pio-lopez-obrador-recibio-fajos-de-billetes-pero-ni-uif-fg r-o-ine-lo-han-procesado/

3. **El jueves 8 de julio de 17 17 se dio a conocer un video donde se vea Martín Jesús López Obrador hermanos menor del presidente Andrés Manuel López Obrador** recibiendo dinero en el video presentado por el periodista Carlos Lore de mola se puede observar a David León Romero excoordinador de protección civil y también implicado en otro video pero con otro hermano del presidente ofreciendo 150,000 al hermano del primer mandatario en billetes que formaría parte de un conjunto de pagos recurrentes según el portal latino el video se remonta al 2015 y se grabó en la casa de Tuxtla Gutiérrez Chiapas de Romero cabe recordar que el año de la grabación fue el primer año que morena participó en una elección como partido político.

Esta información fue publicada por
El Periodico El Economista
https://www.eleconomista.com.mx/politica/Sale-a-la-luz-video-de-otro-hermano-de-AMLO-re
cibiendo-fajos-de-dinero-en-2015-20210708-0116.html

4. **El señor de las ligas'... así fueron los videoescándalos durante la jefatura de gobierno de AMLO en 2004 (videos)**

Cuando se cuestionó a López Obrador sobre las acciones de Bejarano, el jefe de Gobierno dijo que era un "complot" de la "mafia del poder", pues aseguró, durante varios años, que muchas personas no querían que llegara a la Presidencia, la cual ganó 14 años después, en 2018.

Esta información fue publicada por
El periodico El Universal

https://www.eluniversal.com.mx/nacion/bejarano-brozo-y-las-ligas-asi-fueron-los-videoescandalos-de-2004/

5. Felipa Obrador, prima de AMLO, ha recibido 904 mdp en contrataciones públicas

Felipa Guadalupe Obrador Olán, prima hermana del presidente **Andrés Manuel López Obrador,** ha recibido 904 millones de pesos en contrataciones públicas a través de la empresa **Litoral Laboratorios Industriales** bajo el periodo de mandato de su primo.

Las entidades federales que han destinado recursos a esa firma son **Aeropuertos y Servicios Auxiliares (ASA)**, el Instituto de Seguridad y Servicios Sociales de los Trabajadores del Estado (ISSSTE), y **Pemex** Exploración y Producción (PEP).

De acuerdo con registros de la Plataforma Nacional de Transparencia (PNT) y de Compranet consultados por **EMEEQUIS**, la mayor facturación de la empresa de Obrador Olán fue con Pemex.

Esta información fue publicada por:
Medio Informativo: La otra opinión.
https://laotraopinion.com.mx/felipa-obrador-prima-de-amlo-ha-recibido-904-mdp-en-contrataciones-publicas/

Ana Gabriela Guevara Espinoza

6. María Elena Pérez-Jaén presenta 47 denuncias ante la FGR, en seguimiento a ejercicio irregular de recursos en la STPS y en la Conade

• La diputada del PAN interpone 19 en contra de la STPS, derivadas de las irregularidades detectadas con motivo de las auditorías realizadas en 2019, 2020 y 2021 por la ASF, en las que se detectó un probable daño patrimonial por 170 millones de pesos en el programa "Jóvenes Construyendo el Futuro", así como 28 en contra de la Conade, por las irregularidades encontradas en las auditorías de 2019 y 2020, en las que se determinó un probable daño patrimonial de 496 millones de pesos; montos que a la fecha no han podido comprobarse

Esta información fue publicada por

https://comunicacionsocial.diputados.gob.mx/index.php/notilegis/maria-elena-perez-jaen-presenta-47-denuncias-ante-la-fgr-en-seguimiento-a-ejercicio-irregular-de-recursos-en-la-stps-y-en-la-conade

7. **Segalmex (creada para ROBAR)**

IGNACIO OVALLE FERNÁNDEZ

Operador del saqueo encubierto por YSQ

El desfalco en Segalmex ya superó los **$15 mil millones**

La Auditoría Superior de la Federación reportó este lunes el hallazgo de más desvíos en Seguridad Alimentaria Mexicana (Segalmex), la llamada Conasupo de la 4T, con lo que el desfalco en esa dependencia ya supera los 15 mil 308 millones de pesos. El informe del órgano de fiscalización confirmó anomalías descubiertas a inicios del año pasado por MCCI.

Esta información fue publicada por Mexicanos Contra la Corrupción y la Impunidad en:

https://contralacorrupcion.mx/el-desfalco-en-segalmex-ya-supero-los-15-mil-millo nes/

8. Directivo de Segalmex operó en la red de los amigos de Andy

Hugo Buentello Carbonell, de la red de amigos de Andy López Beltrán, firmó como funcionario de Segalmex contratos para el abasto de 50 mil bolsas de leche "fantasma" y asignaciones a una empresa ligada a trama de lavado de dinero en Venezuela, revela una investigación de MCCI

Esta información fue publicada por Mexicanos Contra la Corrupción y la Impunidad en:

https://contralacorrupcion.mx/red-ligada-a-andy-tambien-opero-en-segalmex/

9. Pemex otorgó 27 contratos por 150 millones de pesos a la división de Baker Hughes en Houston en los primeros cuatro meses en que José Ramón

López Beltrán habitó "La Casa Gris", revelan documentos que permanecían ocultos y que Mexicanos contra la Corrupción y la Impunidad (MCCI) logró desclasificar.
En el periodo mencionado, el dueño de "La Casa Gris" era Keith Schilling, quien se desempeñaba como presidente de la compañía en Canadá y a la par como director comercial y de ventas en el área de Houston, de acuerdo con el perfil en LinkedIn difundido por él mismo.
Los nuevos documentos obtenidos por MCCI desmienten la versión de Baker Huges, quien tras la publicación del reportaje de "La Casa Gris" en enero de 2022, negó conflicto de intereses, con el argumento de que su división en Estados Unidos -para la que trabajaba Schilling- no tenía relaciones de negocios con Pemex.

Esta información fue publicada por Mexicanos Contra la Corrupción y la Impunidad en:

https://contralacorrupcion.mx/estos-son-los-27-contratos-que-baker-hughes-nego/?utm_source=juan_ortizmx

10. La otra "casa gris": El hijo mayor de AMLO ocupa en Coyoacán casa ligada a contratista

MCCI y Latinus revelaron que el hijo mayor del presidente López Obrador ocupó en Houston la residencia de un alto ejecutivo de Baker Hughes, compañía con millonarios contratos en Pemex. Ahora, documentos de la SEDENA ponen en evidencia que José Ramón López Beltrán ha tenido como su domicilio particular en México una casa que es propiedad de la asistente de la directora de La Jornada, el periódico que ha recibido el mayor monto de contratos en el actual sexenio, que superan los 750 millones de pesos

Esta información fue publicada por Mexicanos Contra la Corrupción y la Impunidad en: https://contralacorrupcion.mx/la-otra-casa-gris-el-hijo-mayor-de-amlo-ocupa-en-coyoacan-casa-de-contratista/

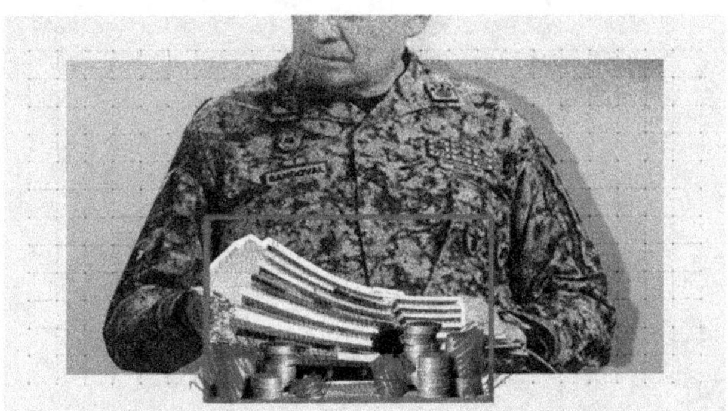

11. Cresencio Sandoval prometió pagar $81 mil al mes… ¡durante 20 años!

MCCI obtuvo copia de la escritura de compra-venta del departamento del General Secretario en Bosque Real, en la que se menciona que el titular de la SEDENA prometió pagar el equivalente al 70% de su sueldo mensual neto como abono del crédito hipotecario que le otorgó el Banco del Ejército. De cumplirse el plazo pactado, habría terminado de pagar cuando tuviera 80 años, pero en forma inexplicable ya abonó por anticipado $5.1 millones

Esta información fue publicada por Mexicanos Contra la Corrupción y la Impunidad en:

https://contralacorrupcion.mx/fijan-precio-al-departamento-del-general-con-avaluo-desigual/

12. AMLO encarga obra en su natal Tabasco a amigo de su hijo Andy (El rey del tráfico de influencias)

El presidente encomendó el Malecón de Villahermosa a integrante de familia con la que Andrés Manuel López Beltrán mantiene una estrecha relación de amistad; la obra representa una inversión de $3,200 millones

Esta información fue publicada por Mexicanos Contra la Corrupción y la Impunidad en: https://contralacorrupcion.mx/amlo-encarga-obra-en-su-natal-tabasco-a-amigo-de-su-hijo-andy/

13. El gobierno de la capital lleva más de 4 años sin publicar la información completa de las compras públicas que ha hecho. El sitio en el que se transparenta la información sólo presenta datos sobre la planeación, pero no sobre cómo y a quién se contrató.

- Al realizar solicitudes de información para obtener todos los contratos asignados entre 2019 y 2022, la Secretaría de Administración y Finanzas del Gobierno de la Ciudad de México entregó discos compactos con carpetas vacías y documentación incompleta. El gobierno entregó más de 600 carpetas, de las cuales el 32% estaban completamente vacías, sin ningún tipo de información.

Esta información fue publicada por Mexicanos Contra la Corrupción y la Impunidad en:
https://contralacorrupcion.mx/la-capital-de-la-opacidad-4-anos-sin-datos-de-los-contratos-de-la-ciudad-de-mexico/

14. Votación de diputados para aprobar la extinción de 109 fideicomisos 2020

Los fideicomisos que fueron eliminados a través de un decreto presidencial el año pasado, dejaron recursos por 65,637 millones de pesos, de acuerdo con la segunda entrega de informes de Resultado de la Fiscalización Superior de la Cuenta Pública 2021.

Esta información fue publicada por periodo EL ECONOMISTA

https://www.eleconomista.com.mx/economia/Fideicomisos-extintos-dejaron-65637-mdp-en-el-2021-20221031-0120.html

Para la extinción de estos fideicomisos se justificó que por fraudes, pero hay CERO REPERCUSIONES JUDICIALES.

15. La @ASF_Mexico detectó irregularidades por 2,742 millones de pesos en el programa Sembrando Vida, esto tan sólo en el periodo de 2019 a 2021.

encontró irregularidades millonarias, señaló la legisladora, es sorprendente que el órgano fiscalizador no haya practicado más auditorías financieras y forenses.

"Yo sí creo que la Auditoría está protegiendo a la Secretaría del Bienestar", consideró.

Tomamos solo 15 casos de CORRUPCIÓN, espero en el próximo libro contar con colaboradores para detallar el nivel de DAÑO PATRIMONIAL en este sexenio, desmadre que traen con el dinero del ciudadano.

La pregunta es permitirás que te sigan viendo la cara, porque cualquier animal por la boca muere, no solo el pez.
Que no subestimen nuestra inteligencia.

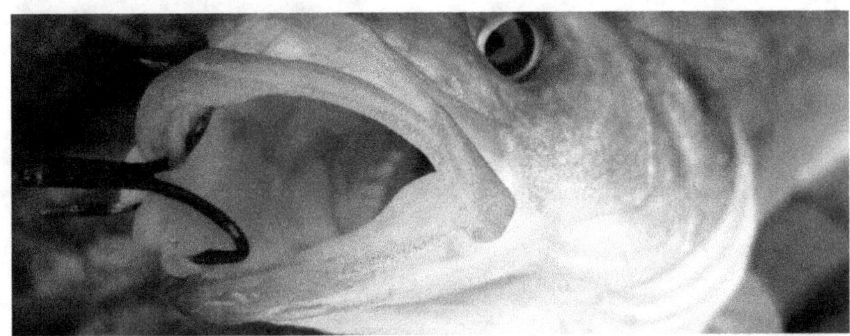

16. Deuda SOBERANA

Aunque se nos prometió que no se Iba endeudar al país resulta que no les importa lo mucho que nos chingamos para mantener las finanzas de esta nación.

Del 2018 a abril del 2023

aumentó 3.37 billones de pesos,
TRES VECES EL  FOBAPROA

Para cerrar el sexenio más mediocre de la historia de México moderno la deuda que contrajo el gobierno en el 2024.

HACIENDA

en general conocer los objetivos y las líneas de acción del Gobierno Federal como emisor de deuda.

Conforme a lo anterior, en la ILIF 2024 que se somete a consideración del H. Congreso de la Unión, se solicita un techo de endeudamiento interno neto del Gobierno Federal de 1 billón 990.0 mil millones de pesos. Para el endeudamiento externo del Sector Público, que incluye al Gobierno Federal y a la banca de desarrollo, se solicita un techo de endeudamiento neto de 18.0 mil millones de dólares.

3.037 billones de pesos 2018-2023
+   1.990 billones de pesos 2024
____

5.027 billones de pesos de deuda SOBERANA

y ¿Quién lo va a pagar querido mexicano?
NOSOTROS; ya reaccionen, los políticos no dan ni un peso.
Para que lo entiendan YA!

Cinco veces el fobaproa

IV.Estrategia del Gobierno Federal en la pandemia para minimizar el impacto en la economía del ciudadano y PYMES.
ECONOMIA MORAL="Rascate con tus uñas"

1.5 millones de empresas tuvieron que cerrar en la pandemia
Aquí cabe una reflexión personal, cómo viviste la economía con la pandemia, ¿te
RASCASTE CON TUS UÑAS
RESPONSABILIZARSE, es lo que le falta verticalmente a este gobierno, y que significa
RESPONSABILIDAD=CAPACIDAD de RESPUESTA, es como en un trabajo, los ciudadanos

Respuesta fiscal a la COVID-19: Países seleccionados, por grupo de ingresos

Porcentaje del PiB (%)

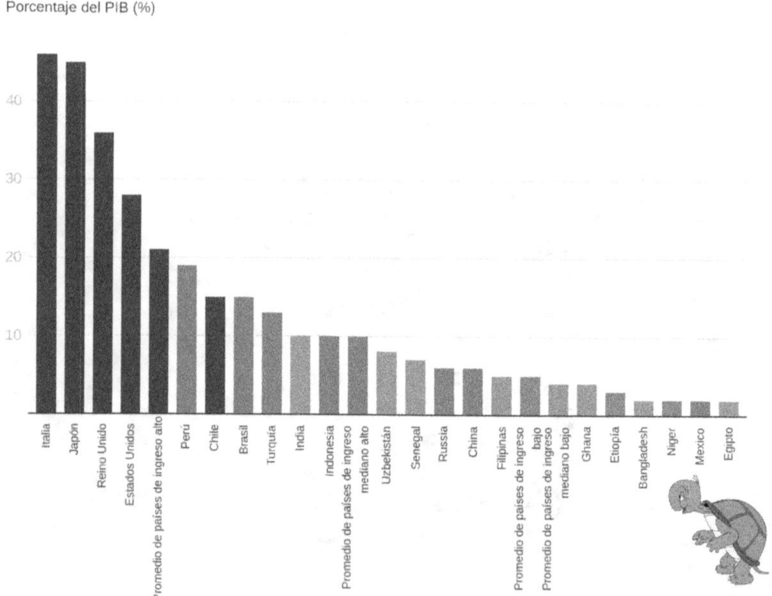

Datos del Fondo Monetario Internacional

En el gráfico se muestra el apoyo fiscal total como porcentaje del PIB obtenido de la suma de las medidas por encima de la línea que afectan a la recaudación de ingresos y el gasto público y el subtotal de las medidas de apoyo a la liquidez. Datos del 27 de septiembre de 2021.
Refleja marcadas diferencias en la capacidad y la voluntad de los Gobiernos para destinar recursos a los programas de apoyo.

V.-La bifurcación CIENTÍFICA de dos tipos de electores.

Voto inteligente
Voto primitivo
En la Ley de GALMAR analizamos la realidad y generamos una expectativa CIENTÍFICA, esta nos permite observar, analizar, intuir, expresar, actuar, mejorar, nuestros sucesos y procesos desde lo fisiológicos, físicos, mentales, espirituales.

Dentro de los temas que tratamos en este postulado son:

1. Cerebro Triuno
2. Círculo de oro
3. Triángulo de Abram Maslow
4. Teoría de la relatividad general
5. Teoría de Campos cuanticos
6. Teoría de la mecánica cuántica.
7. Teoría de cuerdas.
8. Facultades superiores
9. Código de los sentimientos.
10. entrenamiento físico, mental y espiritual.
11. Física cuántica

Con respecto al tema de este libro tomaremos sólo el primer postulado el cerebro triuno.

El **cerebro triúnico** es un modelo para el cerebro y el comportamiento humano de los vertebrados, propuesto por Paul MacLean.

Paul D. MacLean (1 de mayo de 1913 – 26 de diciembre de 2007) fue un médico norteamericano y neurocientífico quien hizo contribuciones significativas en los campos de la psicología y la psiquiatría. Su teoría evolutiva del cerebro triúnico propone que el cerebro humano es en realidad tres cerebros en uno: el reptiliano, el sistema límbico y la neocorteza.

Hipótesis del cerebro triple

En 1970, MacLean desarrolló aún más su concepción del sistema límbico al colocarlo dentro de una teoría más amplia que intentaba explicar los procesos emocionales en todos los niveles de complejidad. Ésta era la hipótesis del cerebro triple.

De acuerdo con esta visión, el cerebro había experimentado tres grandes etapas de evolución de modo que en los mamíferos superiores existe una jerarquía de tres cerebros en uno, de ahí el término "cerebro triple" (en inglés *triune*, literalmente "tres en uno").

El **cerebro reptil**, que comprende el tallo cerebral, regula los elementos básicos de supervivencia, como la homeostasis. Es compulsivo y estereotipado. MacLean ilustra esta función al sugerir que organiza los procesos involucrados en el regreso de las tortugas marinas al mismo lugar en el que han nacido.

El **cerebro paleomamífero**, que comprende el sistema límbico, añade la experiencia actual y reciente a los instintos básicos mediados por el cerebro reptil. El sistema límbico permite que los

procesos de sobrevivencia básicos del cerebro reptil interactúen con elementos del mundo externo, lo que resulta de la expresión de la emoción general. Por ejemplo, el instinto de reproducción interactuaría con la presencia de un miembro atractivo del sexo opuesto, lo que genera sentimientos de deseo sexual.

El **cerebro neomamífero**, la neocorteza, regula emociones específicas basadas en las percepciones e interpretaciones del mundo inmediato. Los sentimientos de amor hacia un individuo particular serían un ejemplo de este tipo de emoción. De acuerdo con MacLean, en los humanos y otros mamíferos avanzados existen los tres cerebros. Los mamíferos inferiores tiene solo los cerebros paleomamífero y reptil. Todos los demás vertebrados tienen solo el cerebro reptil.

La evolución del cerebro paleomamífero (sistema límbico) fue por tanto visto como algo que libera a los animales de la expresión estereotipada de los instintos dictada por el cerebro reptil. El cerebro neomamífero añadió mayor flexibilidad a la conducta emocional al habilitar a los mamíferos superiores para basar la conducta emocional en procesos interpretativos complejos y utilizar la solución de problemas y la planificación a largo plazo en la expresión de las emociones.

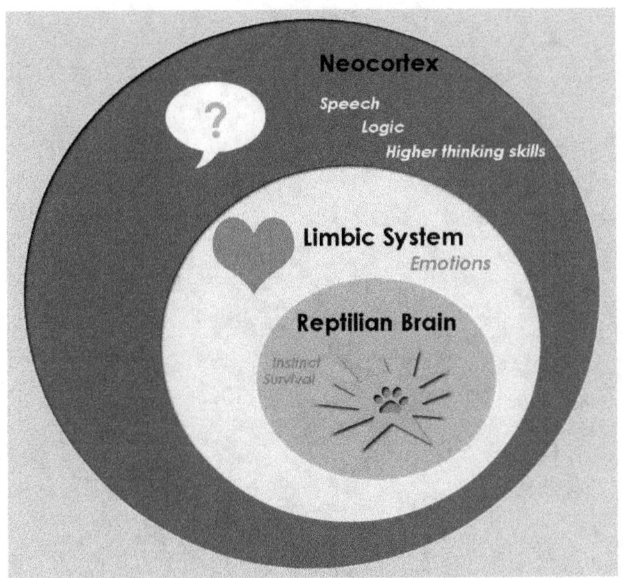

Esta información fue publicada por Wikipedia.es

https://es.wikipedia.org/wiki/Cerebro_tri%C3%BAnico
Encuentra las tres imágenes en el siguiente modelo del cerebro

El Reptiliano

El cerebro que decide. Se encarga de las funciones primarias como la respiración, la digestión y la reproducción.

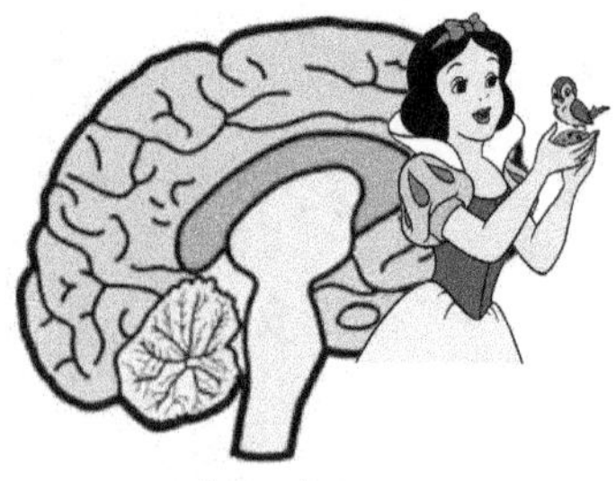

El Límbico

El cerebro que siente. Se encarga de las funciones emocionales como los sentimientos, la relaciones y la expresión.

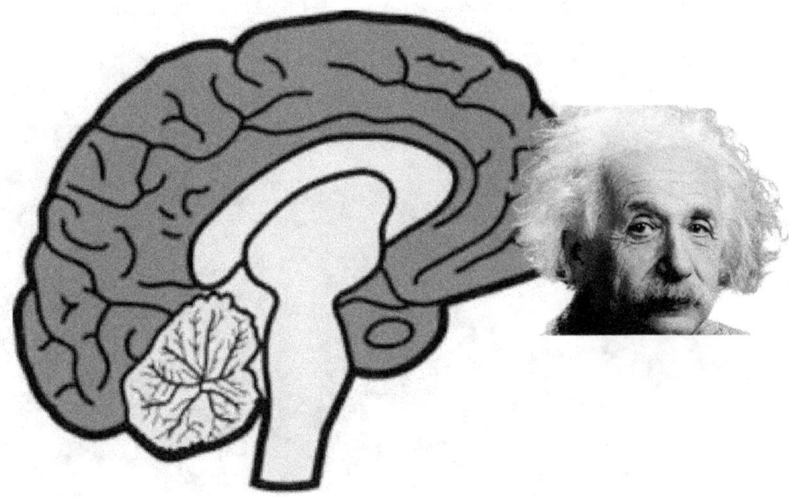

El Neocórtex

El cerebro que piensa. Se encarga
de las funciones racionales como el
aprendizaje, el lenguaje y los
movimientos voluntarios.

Siendo que la evolución para el ser humano es algo de CONCIENCIA y una DECISIÓN, resulta que hay personas que siguen evolucionando y otras que no, esto es algo que podría parecer algo ambiguo pero no, tomando el 3er postulado de esta ley encontramos que en el Triángulo de Abraham Maslow existen estas Necesidades Fisiológicas o Básicas.

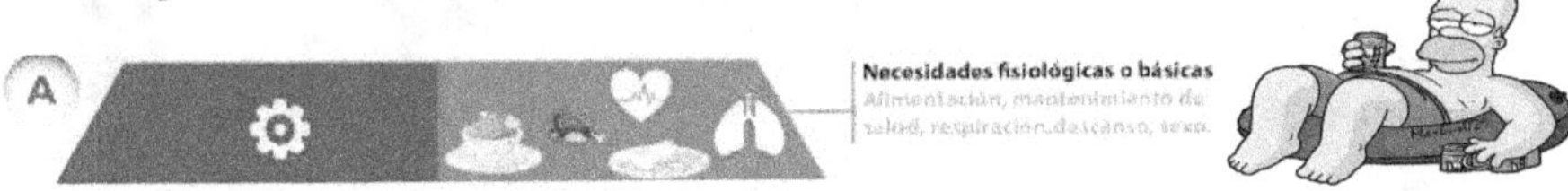

Estas Necesidades Fisiológicas cada uno de nosotros las hacemos día con día, no importa tu profesión, cargo, si eres Jefe de estado o no, lo quieras o no, porque la regula el cerebro reptiliano, el cerebro más primitivo.

Ahora si tu decides gestionar tus necesidades fisiológicas y tu cerebro límbico o emocional, esta bien, pero en esto estarías a la par de un animal porque resulta que ellos también tienen cerebro reptil y límbico, los animales TIENEN EMOCIONES Y SENTIMIENTOS.

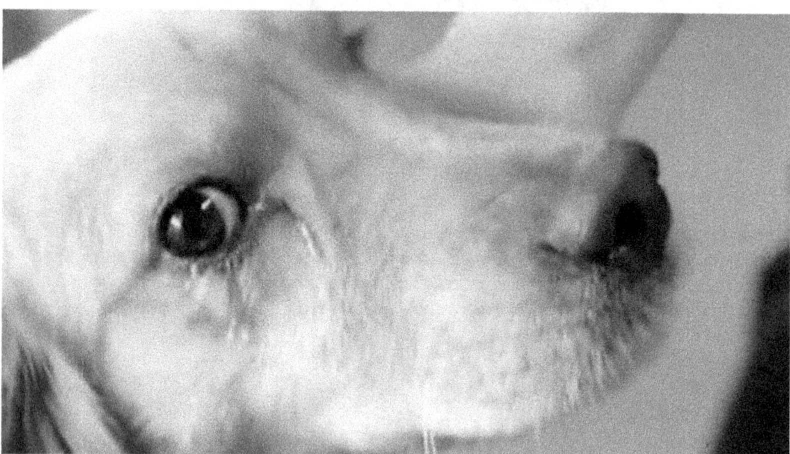

Entonces si tu decides utilizar tu cerebro Reptiliano y límbico pero No el cerebro Neocortex entonces tienes la perspectiva, la visión, la cosmovisión, la evolución, de un animal, eres un animal con un cuerpo de SER HUMANO. pero tu cerebro Neocortex NUEVECITO, sin usar.

Te explico más a detalle.

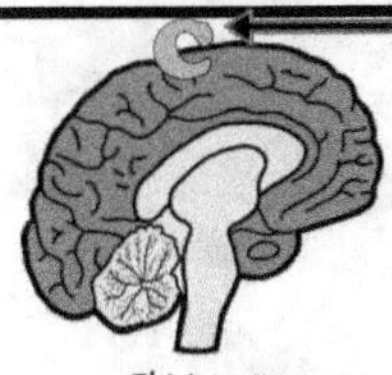

El Neocórtex

El cerebro que piensa. Se encarga
de las funciones racionales como el
aprendizaje, el lenguaje y los
movimientos voluntarios.

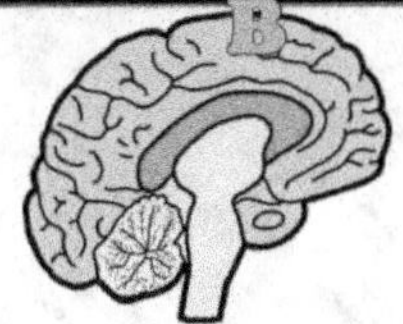

El Límbico

El cerebro que siente. Se encarga
de las funciones emocionales como los
sentimientos, la relaciones y la expresión.

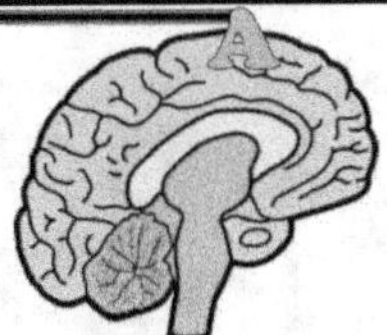

El Reptiliano

El cerebro que decide. Se encarga
de las funciones primarias como la
respiración, la digestión y la reproducción.

Observa la línea como flecha de A - B, B - C , A - C pero también puede ser de C - B, B - A ó de C -A. pero también de B - C, B - A ó A -C.

en este intervalo está tu conciencia,  como una esfera, tú decides cómo vivir, a donde ir, hasta donde llegar.

Así que el cerebro Neo cortex tiene sus características principales:
Cerebro Neocortex (Humano):

- Antigüedad: 100 millones de años.
- Ubicación: Parte superior del cerebro.
- Función: Análisis, pensamiento lógico.
- Memoria: Aquí es donde se encuentra la memoria tal como la conocemos.

Funciones ejecutivas del cerebro Neocortex.

Esta función es un rol importante en el rol de ejecutar tareas,(realizar Tareas).

Toma y coordina la información para actuar de manera conjunta.

Comprender la atención.

El proceso de la atención responde a nuestra historia evolutiva y social

Consistencia en la ejecución.

Re-orientación.

Planeación.

Motivación.

Conducta.

Expresión de la personalidad.

Proceso de toma de decisiones.

Comportamiento social.

FUTURE
PAST
PRESENT
Reune el pasado y futuro.
Genera pronósticos.

Entonces si tienes algunas deficiencias ó escasez de todas estas funciones ejecutivas propias del cerebro Neocórtex, ya entiendes y sabes porque tu comportamiento es más animal que humano,

Ahora la bifurcación a la cual refiero es cuando el ser humano toma una decisión o no la toma simplemente por aprender, por actualizarse, por obtener conocimiento, por investigar, por salir de su zona de confort, por evolucionar, esa es la determinante de la actual bifurcación de la raza humana.

La bifurcación existe en las matemáticas.

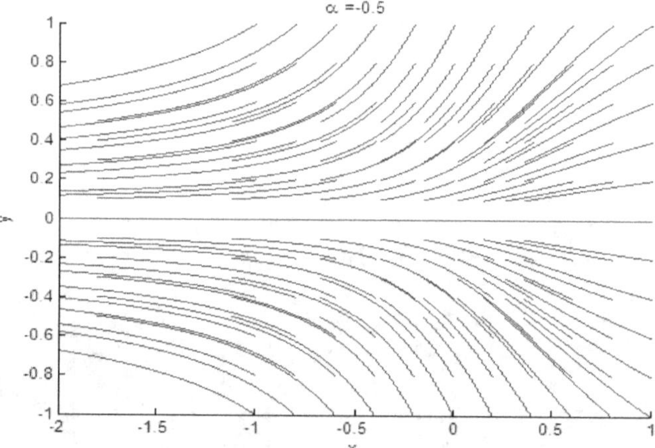

La naturaleza

En los ríos.

Y tú, qué camino vas a seguir, tanto para tu vida como para tu futuro; invertirás en tu educación, evolución, actualización, profesionalización, formación.

O te convertirás a futuro una persona que solo vive desde su cerebro reptil a su cerebro límbico, comiendo, respirando, durmiendo, teniendo sexo, en sus necesidades fisiologicas como el elemento mas primitivo de nuestro ser humano, la celula.

VI.-Un acomplejado, ignorante y le da vergüenza ser Mexicano. (YSQ)

En este capítulo destacó la ausencia de esta gran nación llamada Estados Unidos Mexicanos en la cumbre más reciente del **G20** o **Grupo de los Veinte** es un foro internacional de gobernantes y presidentes de bancos centrales, que tiene como meta discutir sobre políticas relacionadas con la promoción de la estabilidad financiera internacional, siendo el principal espacio de deliberación política y económica del mundo.Creado en 1999, está integrado por veinte países industrializados y emergentes de todos los continentes: Alemania, Arabia Saudita, Argentina, Australia, Brasil, Canadá, China, Corea del Sur, Estados Unidos, Francia, India, Indonesia, Italia, Japón, México, Reino Unido, Rusia, Sudáfrica y Turquía, más la Unión Europea. España es invitado permanente.En conjunto las entidades políticas representadas en el G20 reúnen el 66 % de la población mundial y el 85 % del producto bruto mundial.
Esta Cumbre fue en la India

Nueva Delhi. Desde:

sábado 9 de septiembre de 2023

Hasta:

domingo 10 de septiembre

El anfitrión Narendra Modi

Primer ministro de la India

En el emblemático Rajghat, la familia del G20 rindió homenaje a Mahatma Gandhi, el faro de la paz, el servicio, la compasión y la no violencia.

A medida que diversas naciones convergen, los ideales eternos de Gandhi Ji guían nuestra visión colectiva para un futuro global armonioso, inclusivo y próspero.

Narendra Modi

Primer ministro de la India

Uno de los acontecimientos más relevantes de esta cumbre es:

De hecho, la inclusión de la @_AfricanUnion en el G20 es un paso significativo hacia un diálogo global más inclusivo. Esperamos con interés esfuerzos de colaboración que beneficien no sólo a nuestros respectivos continentes sino también al mundo entero.

Narendra Modi

Primer ministro de la India

La inclusión de @_AfricanUnion en el G20 subraya su papel fundamental en el progreso global. Estamos dispuestos a seguir colaborando e impulsar nuestras aspiraciones compartidas. Seguiremos trabajando estrechamente por el bienestar global.

Narendra Modi

Primer ministro de la India

Encantado de interactuar con el primer ministro @LeeHsienLoong. India y Singapur continuarán profundizando nuestras relaciones bilaterales para el mejoramiento de nuestro pueblo.
Narendra Modi

Primer ministro de la India

Gita Gopinath

Director ejecutivo de Fondo Monetario Internacional

"Felicitaciones Primer Ministro @narendramodi

sobre presidir un @g20org tan exitoso. El mensaje de la India de "una tierra, una familia, un futuro" resonó fuertemente entre todos los delegados."

Gracias por las amables palabras. Es un honor ser anfitrión de la cumbre del G20.
Nuestros esfuerzos son un testimonio del espíritu colectivo de unidad y progreso.
Narendra Modi

Primer ministro de la India

Fue maravilloso conocer a Su Alteza el Jeque @MohamedBinZayed en Delhi. India valora
profundamente sus perspicaces opiniones y su pasión por promover el bien global.
Narendra Modi

Primer ministro de la India

Siempre es un placer interactuar con los presidentes @CyrilRamaphosa█ Presidente de Sudáfrica y @alferdez.█Presidente de la Nación Argentina
Narendra Modi

Primer ministro de la India

Gracias al compromiso colectivo de sus miembros, el G20 se mantiene firme en su misión de contribuir al bien mundial.

Una foto con el Presidente de la República Federativa de Brasil @LulaOficial█, el Presidente de Sudáfrica @CyrilRamaphosa█, el Presidente 46º. de los Estados Unidos @POTUS @JoeBiden█ y el Presidente del Banco Mundial. Ajay Banga.
Narendra Modi

Primer ministro de la India

Tuve una excelente conversación con la Presidenta del Consejo de Ministros de Italia @GiorgiaMeloni. Nuestra conversación abarcó varios sectores, incluidos el comercio, la defensa, las tecnologías emergentes y mucho más. India e Italia seguirán trabajando juntas por la prosperidad global
Narendra Modi

Primer ministro de la India

Hoy tuve una reunión efectiva con el Primer Ministro de Japón @kishida230.■ Discutieron la relación bilateral entre India y Japón y la situación actual durante sus respectivas presidencias del G20 y del G7. Expresó entusiasmo por fortalecer aún más la cooperación en conectividad, comercio y otras áreas.
Narendra Modi

Primer ministro de la India

El Corredor Económico India-Oriente Medio-Europa, que traza un viaje de aspiraciones y sueños compartidos, promete ser un faro de cooperación, innovación y progreso compartido. A medida que avanza la historia, que este corredor sea un testimonio del esfuerzo humano y la unidad entre continentes.
Narendra Modi

Primer ministro de la India

Se ha hecho historia con la adopción de la Declaración de los Líderes de Nueva Delhi. Unidos en consenso y espíritu, nos comprometemos a trabajar en colaboración por un futuro mejor, más próspero y armonioso. Mi agradecimiento a todos los miembros del G20 por su apoyo y cooperación.
Narendra Modi

Primer ministro de la India

El lanzamiento de la Alianza Mundial para los Biocombustibles marca un momento decisivo en nuestra búsqueda hacia la sostenibilidad y la energía limpia.
 Agradezco a los países miembros que se han sumado a esta Alianza.
Narendra Modi

Primer ministro de la India

India has made it People's G20
Summit: PM Modi
NEWS UPDATES SEPTEMBER 9TH, 2023

Comparto mis comentarios en el evento de la Asociación para la Infraestructura e Inversión Global y el Corredor Económico India-Oriente Medio-Europa durante la Cumbre del G20
Narendra Modi

Primer ministro de la India

En la Sesión Una Familia de la Cumbre del G20, se explicó cómo pensar colectivamente sobre empoderar a los demás seres humanos y hacer que nuestro planeta sea más inclusivo y sostenible.

Dio el ejemplo de cómo se ha aprovechado la tecnología para generar una diferencia positiva en las vidas de nuestros ciudadanos.
Narendra Modi

Primer ministro de la India

India está encantada de dar la bienvenida a @_AfricanUnion (Unión Africana) como miembro permanente del G20. Juntos, fomentemos la unidad y el progreso globales. Hagamos también todo lo que podamos por el desarrollo del Sur Global.
Narendra Modi

Primer ministro de la India

Con la @_AfricanUnion fortaleciendo a la familia del G20, consolidaremos asociaciones que prioricen el desarrollo integral, lo que conducirá a un planeta mejor.
Narendra Modi

Es genial haber conocido al Primer ministro del Reino Unido @RishiSunak al margen de la Cumbre del G20 en Delhi. Discutimos formas de profundizar los vínculos comerciales e impulsar la inversión. India y el Reino Unido seguirán trabajando por un planeta próspero y sostenible.
Narendra Modi

Habló en la Sesión 1 de la Cumbre del G20 sobre el tema Una Tierra. Destacó la necesidad de promover un desarrollo centrado en el ser humano, que también es algo en lo que la cultura india siempre ha enfatizado.

 Con el espíritu de Una Tierra, la India ha trabajado en iniciativas como la Misión LiFE, ha hecho hincapié en el Año Internacional del Mijo, ha lanzado la Iniciativa Green Grids - Un Sol, Un Mundo, Una Red, ha aprovechado la energía solar, ha fomentado la agricultura natural y el Plan Nacional Misión Hidrógeno Verde.
Narendra Modi

Primer ministro de la India

Terremoto en

Marruecos **Marrakech.**

- **Las autoridades reportan más de 2.000 muertos.**

Extremadamente dolorido por la pérdida de vidas debido al terremoto en Marruecos. En esta hora trágica, mis pensamientos están con el pueblo de Marruecos. Condolencias a quienes han perdido a sus seres queridos. Que los heridos se recuperen lo antes posible. La India está dispuesta a ofrecer toda la ayuda posible a Marruecos en estos momentos difíciles.

Narendra Modi

Primer ministro de la India

Feliz de haber dado la bienvenida a @POTUS @JoeBiden al 7, Lok Kalyan Marg. Nuestra reunión fue muy productiva. Pudimos discutir numerosos temas que promoverán los vínculos económicos y entre pueblos entre la India y los Estados Unidos. La amistad entre nuestras naciones seguirá desempeñando un papel importante en la promoción del bien global.

Narendra Modi

Primer ministro de la India

Se mantuvo una conversación productiva con la Primera Ministra Sheikh Hasina. El progreso de las relaciones entre India y Bangladesh en los últimos nueve años es muy satisfactorio. Nuestras discusiones incluyeron conectividad, vínculos comerciales y mucho más.

Narendra Modi

Primer ministro de Mauricio @KumarJugnauth■ y yo tuvimos una muy buena reunión. Este es un año especial para las relaciones entre India y Mauricio, ya que conmemoramos 75 años de relaciones diplomáticas entre nuestras naciones. Discutimos la cooperación en sectores como infraestructura, FinTech, cultura y más. También reiteró el compromiso de la India de promover la voz del Sur Global.

Narendra Modi

Primer ministro de la India

La India se complace en acoger la 18.ª Cumbre del G20 los días 9 y 10 de septiembre de 2023 en el emblemático Bharat Mandapam de Nueva Delhi. Esta es la primera Cumbre del G20 organizada por la India. Espero mantener debates productivos con los líderes mundiales durante los próximos dos días.

 Creo firmemente que la Cumbre del G20 en Nueva Delhi trazará un nuevo camino hacia el desarrollo inclusivo y centrado en las personas.

Narendra Modi

Primer ministro de la India

Esta es una crónica tomada de la cuenta oficial del Primer Ministro de la India █ Narendra Modi @narendramodi de la plataforma X , puedes consultarlo para verificar lo aquí @narendramodi.

Quien nos intentó representar a los mexicanos.

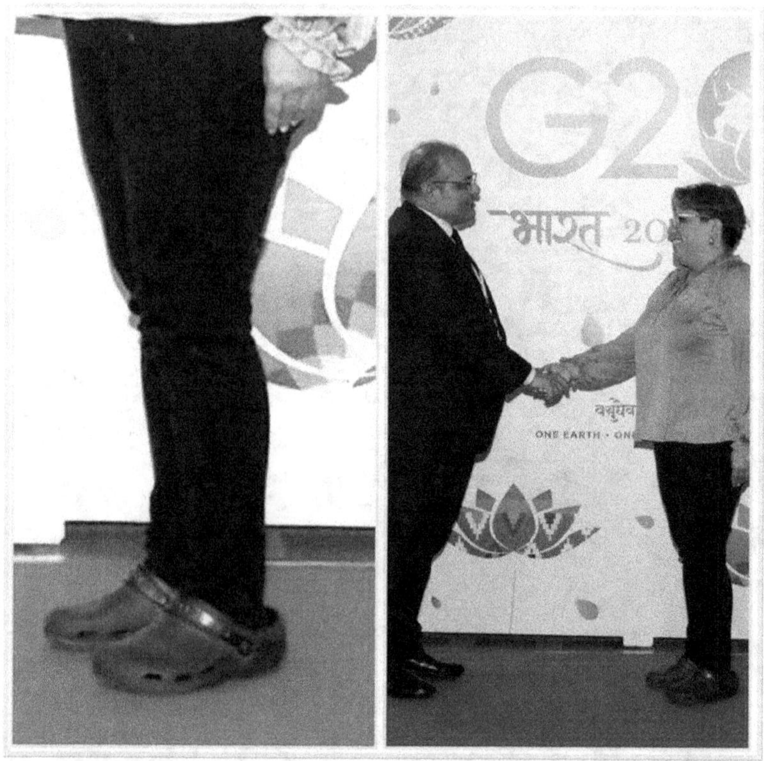

Esto no es discriminación, es ser coherente con el orgulloso para representar a tu país

MÉXICO y no a los más pobre, estás representando a 131 millones de Mexicanos, está

política a caído en tan poca cosa que te pregunto a ti ciudadano de la República, que NOS

MERECEMOS?, que te mereces?, si cuando nosotros vamos a nuestro trabajo, asistimos

bañados, con los mejores zapatos, lo mejor posible para atender a un cliente o representar

una marca y estos políticos solo con saliva y fachas quieren convencernos de una cultura de

huevonada, de mediocridad, conformismo, vagancia, e ignorancia, complejos de inferioridad y

vergüenza de representar está bendita y solemne NACIÓN que nos permite ser

CIUDADANOS DE LA REPÚBLICA MEXICANA aportando nuestro sudor, lágrimas, dolor, impuestos y sueños para vivir más próspera mente desde la libertad construyendo la felicidad y nunca más el sometimiento de la colonia, vivimos una era de diplomacia desde la democracia donde la fraternidad se vive en estas cumbres, yo sí desee encarecidamente el Primer Ministro de la India Narendra Modi nos abrazara con un representante digno que no se sienta inferior, indigno, o conquistado, colonizado, esto solo nos justifica para soñar pequeñito, soñar poquito o seguir en la mediocridad y ser las víctimas; porque la grandeza de las naciones las representan los grandes líderes con un gran abrazo fraterno, esto es alianza, esto es política.

VII.-La cobardía también tiene nombre (YSQ).

La cobardía también tiene nombre (YSQ) y los ciudadanos no somos ni ingenuos, ni tontos, ni pendejos; políticos ya BASTA de subestimar nuestra inteligencia, en esta GRAN CUMBRE denominada UNA TIERRA, UNA FAMILIA, UN FUTURO; ██MÉXICO██ el gran ausente.

Compartí mis pensamientos durante la Sesión 3 de la Cumbre del G20. Esta sesión se centró en el tema "Un futuro". Se enfatizó en la necesidad del momento de mirar más allá de la idea de una Aldea Global y hacer realidad la visión de la Familia Global.

Narendra Modi

Primer ministro de la India

Tener simplemente un enfoque centrado en el PIB está obsoleto. Ha llegado el momento de adoptar una visión del progreso centrada en el ser humano. La India ha estado realizando varios esfuerzos en este sentido, particularmente en áreas relacionadas con datos y tecnología. Debemos hacer todo lo posible para utilizar la IA para el desarrollo socioeconómico.

Narendra Modi

A medida que avanzamos en nuestras trayectorias de desarrollo, debemos mantener nuestro enfoque en la sostenibilidad y la estabilidad. Esto garantizará el empoderamiento de los marginados.

Narendra Modi

India pasa el mazo a Brasil.

Tenemos una fe inquebrantable en que liderarán con dedicación, visión y promoverán la unidad global y la prosperidad.

India asegura toda la cooperación posible a Brasil durante su próxima presidencia del G20.

@LulaOficial

Narendra Modi

Primer ministro de la India

Un almuerzo muy productivo con el presidente @EmmanuelMacron.█ Discutimos una serie de temas y esperamos garantizar que las relaciones entre India y Francia alcanzan nuevas alturas de progreso.

Narendra Modi

Primer ministro de la India

Un almuerzo de trabajo muy productivo con el presidente @EmmanuelMacron. Discutimos una variedad de temas y esperamos llevar las relaciones entre India y Francia a nuevas alturas de progreso.

Narendra Modi

Primer ministro de la India

Me reuní con el primer ministro @JustinTrudeau al margen de la Cumbre del G20.

Discutimos toda la gama de vínculos entre India y Canadá en diferentes sectores.

Narendra Modi

Primer ministro de la India

Tuve una reunión muy fructífera con @PR_AZALI. Lo felicité una vez más por

@_AfricanUnion_ 🇰🇲 unirse a la familia del G20. Comoras es vital para la visión SAGAR de

la India. Nuestras deliberaciones incluyeron formas de mejorar la cooperación en áreas como

el transporte marítimo, el comercio y más.

Narendra Modi

Primer ministro de la India

Hablamos con

Recep Tayyip Erdoğan Presidente de Turquía

@RTErdogan sobre formas de fortalecer las relaciones comerciales y las conexiones de

infraestructura entre India y Turquía. @trpresidency 

Narendra Modi

Primer ministro de la India

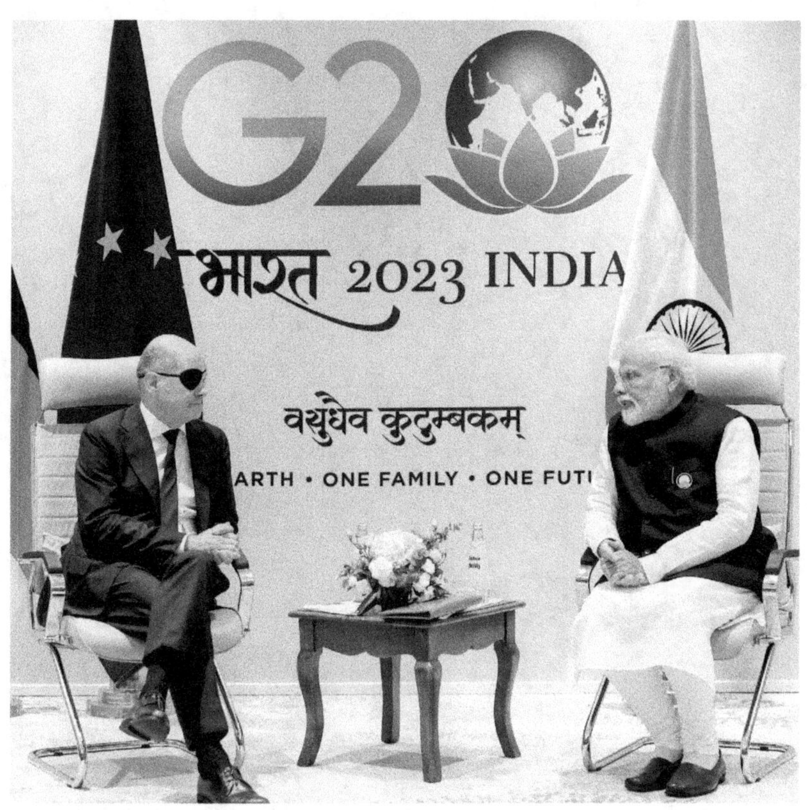

Muy buen encuentro con @Bundeskanzler @OlafScholz█ en Delhi. Le agradeció por enriquecer la Cumbre del G20 con sus opiniones. También se discutió cómo India y Alemania pueden continuar trabajando juntas en energía limpia, innovación y trabajo por un planeta mejor.

Narendra Modi

Primer ministro de la India

Las deliberaciones con el @President_KR Yoon Suk█ Yeol fueron extensas. Al revisar el espectro completo de las relaciones bilaterales, acordamos impulsar aún más los vínculos comerciales y culturales entre la India y la República de Corea.

Narendra Modi

Gran reunión con el presidente de la @EU_Commission @vonderleyen y el @eucopresident @CharlesMichel. Temas como la mejora de la conectividad, el comercio y la tecnología ocuparon un lugar destacado en nuestros debates. La cooperación entre India y la UE en sectores futuristas, incluido el hidrógeno verde, es muy elogiosa.

Narendra Modi

Primer ministro de la India

Excelente encuentro con el presidente @LulaOficial. Los vínculos entre India y Brasil son muy fuertes. Hablamos sobre formas de impulsar el comercio y la cooperación en agricultura, tecnología y más. También transmití mis mejores deseos para la próxima presidencia del G20 de Brasil.

Narendra Modi

Fue un placer reunirme hoy con el Presidente Bola Tinubu. Nuestras conversaciones fueron fructíferas y seguramente darán impulso a las sólidas relaciones entre la India y Nigeria. Nuestras áreas clave de enfoque son los intercambios comerciales y culturales.

@officialABAT @NGRPresident

Narendra Modi

Primer ministro de la India

Tuve una reunión extremadamente agradable con @MinPres Mark Rutte.◼️ Hablamos sobre formas de fortalecer la amistad entre nuestras naciones. El alcance de la cooperación para nuestras empresas es enorme. También esperamos fuertes vínculos en energía limpia, semiconductores, tecnología digital y más.

Narendra Modi

Este fue el término de esta gran foto de líderes y aunque pensáramos que sólo fue la ausencia de Nuestra nación en esta oportunidad de negocios, lazos de hermandad, comercio y visión a futuro destaca que a la par el presidente de México tuvo un foro en Latinoamérica con el presidente Colombia Gustavo Petros y ¿ para qué? para romantizar el concepto de el tráfico y consumo de droga.

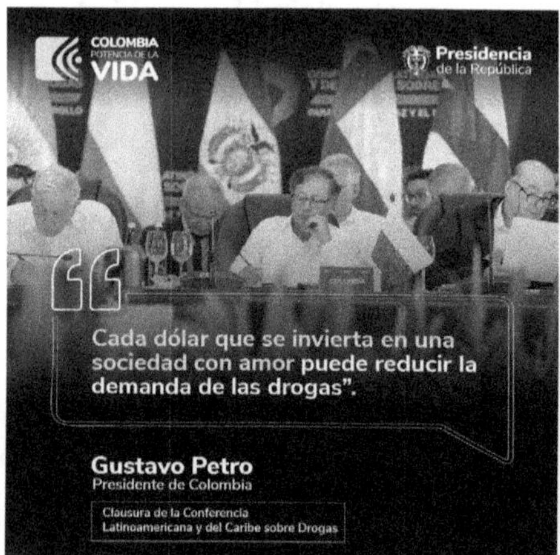

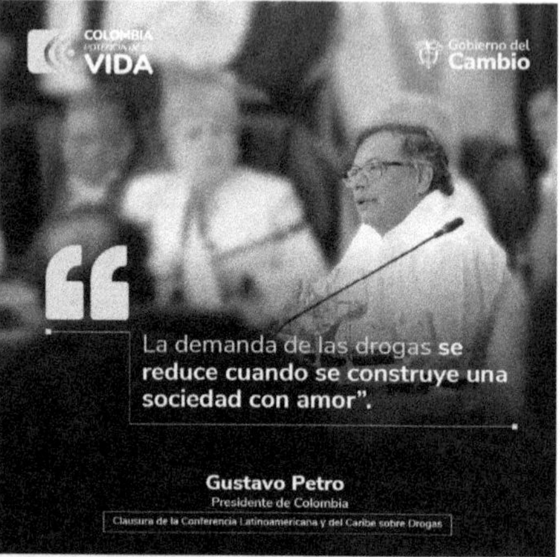

Romanticismo en un grave problema social   Romanticismo en un grave problema social

Te recuerda en algo estas frases sin estrategia, sin visión de estado, sin compromiso para erradicar el problema.

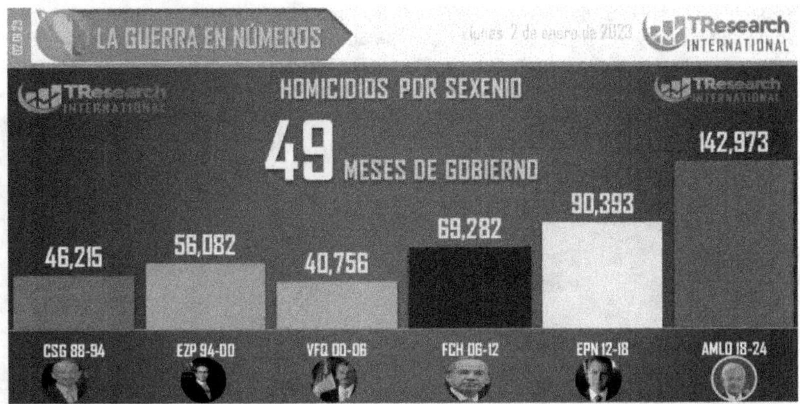

Esta información fue publicada por Aviveracruz.com
https://aviveracruz.com/inicia-2023-con-142-mil-973-homicidios-dolosos-en-lo-que-va-del-se xenio/

Tengo una sola pregunta para comparar entre una alianza y otra, considerando que Colombia es el país con mayor producción de cocaína.

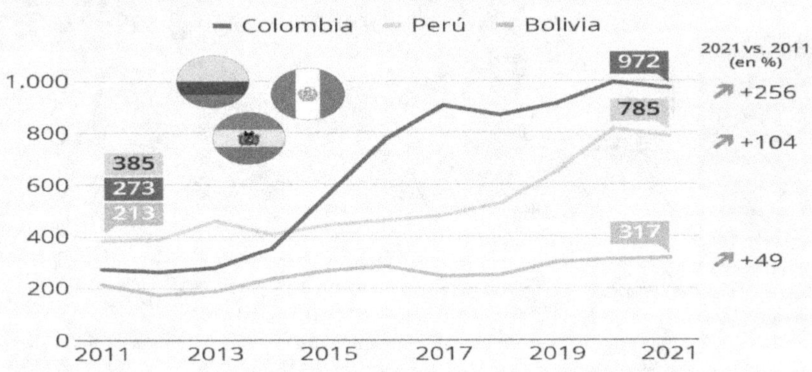

Ya habíamos visto esta imagen en nuestra vida política y sabemos que significa.
Ahora esta alianza está en pleno con el mayor productor de droga del mundo, y porque no
estuvo en el foro del G 20 en la India, fue solo por simple complejo de inferioridad o se tenía
que sentir cómodo en donde no se le cuestionara y aun así salió raspado.

Esta sesión se centró en el tema "Un futuro". Se enfatizó en la necesidad del momento de mirar más allá de la idea de una Aldea Global y hacer realidad la visión de la Familia Global.

Narendra Modi

Primer ministro de la India

Que México quieres para tu destino, lo que se ve no se juzga,

yo decido por:

UN MUNDO•UNA FAMILIA•UN FUTURO